AF341407

COLLECTION PAUL CORBIN

Laques du Japon

des 17e, 18e et 19e siècles

SUZURI-BAKO - INRO - KOBAKO

(BOÎTES ÉCRITOIRES, BOÎTES A MÉDECINE, BOÎTES A PARFUMS)

Netsuke

EN IVOIRE, EN BOIS ET EN LAQUE

CÉRAMIQUE DU JAPON

OBJETS EN BRONZE ET EN FER

DONT LA VENTE AUX ENCHÈRES PUBLIQUES AURA LIEU

à l'HOTEL DROUOT, Salle n° 10

Les Lundi 3, Mardi 4 et Mercredi 5 Mai 1926, à 2 heures

COMMISSAIRES-PRISEURS

Me F. LAIR-DUBREUIL | Me LÉON FLAGEL
6, rue Favart, 6 | 1, rue Laffitte, 1

ASSISTÉS DE

M. ANDRÉ PORTIER

EXPERT PRÈS LE TRIBUNAL CIVIL DE LA SEINE

24, rue Chauchat, 24 (Central 27-36)

Chez lesquels se distribue le présent Catalogue.

EXPOSITION PARTICULIÈRE

*Chez M. A. PORTIER, 24, rue Chauchat, les Jeudi 29 et Vendredi 30 Avril 1926,
de 9 h. à midi et de 2 h. à 6 h.*

EXPOSITION PUBLIQUE

HOTEL DROUOT, Salle n° 10, *le Dimanche 2 Mai 1926, de 2 h. à 6 h.*

CONDITIONS DE LA VENTE

Elle sera faite au comptant.

Les acquéreurs paieront *19 fr. 50 pour cent* en sus des enchères.

L'Expert, dans l'intérêt de la vente, se réserve le droit de réunir ou de diviser les lots.

L'Expert assistera à l'Exposition et se tiendra à la disposition de MM. les Amateurs qui auraient un renseignement à lui demander ou des ordres d'achat à lui confier.

ORDRE DES VACATIONS

1re VACATION : Lundi 3 Mai 1926

N°s 1 à 000

2e VACATION : Mardi 4 Mai 1926

N°s 000 à 000

3e VACATION : Mercredi 5 Mai 1926

N°s 000 à 000

83.174. — Imprimerie Lahure, 9, rue de Fleurus, à Paris. — 1926.

LAQUES DU JAPON

SULURI BAKO

(BOITES ÉCRITOIRES)

1 — Suzuri bako, de forme rectangulaire, en laque noir ro-iro, décoré en léger
relief de laque d'or.

Paysage maritime.

Au revers du couvercle, sur fond de laque mura-nashiji, un décor en
laque taka-makiye d'or : moineaux et bambous. XVIIIe siècle.

250 millim. × 190 millim.

Provenant de la vente Arthur Kay, n° 96.

2 — Suzuri bako, de forme rectangulaire, en bois naturel, décoré en applica-
tion, en haut relief de laque d'or et de laque rouge.

Chimère poursuivant une sphère.

L'intérieur de la boîte et le revers du couvercle sont en laque nashiji imitant les veinures du bois. XVIIIe siècle.

290 millim. × 220 millim.

3 — Suzuri bako, de forme rectangulaire, en laque noir ro-iro, décoré en applications de nacre et de pierres diverses.

Chimères et branches de pivoines. XVIIIe siècle.

265 millim. × 190 millim.

Provenant de la vente Arthur Kay.

4 — Suzuri bako, de forme rectangulaire, en laque noir ro-iro, décoré en hira-
makiye d'or et d'argent.

Makemono et balai.

Au revers du couvercle, un décor en hira-makiye d'or sur fond de laque
noir : filet et bambous.

230 millim. × 215 millim.

Signature et cachet : Chikanobu.

5 — Suzuri bako, de forme rectangulaire, en laque noir ro-iro, décoré en léger
relief de laque de couleur et orné d'applications de poterie.
Cigale sur un fruit. XVIII° siècle.

255 millim. ╳ 210 millim.

6 — Suzuri bako, de forme rectangulaire, en laque mura-nashiji, décoré en
léger relief de laque de couleur et orné d'applications d'argent.
Épisode de la bataille de Dan-no-ura. XVIII° siècle.

245 millim. ╳ 220 millim.

7 — Suzuri bako, de forme rectangulaire, en laque noir ro-iro, décoré en hira
makiye d'or.
Collines plantées de pins sous la pluie.
Au revers du couvercle un décor de barques sur les flots. XVIII° siècle.

210 millim. ╳ 205 millim.

Provenant de la vente Arthur Kay, n° 7.

8 — Suzuri bako, de forme rectangulaire, en laque noir ro-iro, décoré au laque
d'or et orné d'incrustations de plomb et de nacre.
Paysan portant sur le dos un lourd fagot. XVIII° siècle.

235 millim. ╳ 200 millim.

9 — Suzuri bako, de forme rectangulaire, en laque yasuriko nahiji, décoré en
léger relief de laques d'or et d'argent.
Hotei à demi enfoui dans son sac.
Au revers du couvercle sur fond mura-nashiji, un décor en laque taka-
makiye d'or : martins-pêcheurs sur un rocher, au bord d'un ruisseau.
XVIII° siècle.

220 millim. ╳ 210 millim.

10 — Suzuri bako, de forme rectangulaire, en laque noir, décoré au laque d'or
et orné d'applications de nacre et de poterie.
Hotte posée dans l'herbe sous un érable.
Au revers du couvercle, en incrustations de plomb, de nacre et de
poterie : personnage sur un radeau. XVIII° siècle.

210 millim. ╳ 160 millim.

11 — Suzuri bako, de forme rectangulaire, en laque noir ro-iro, décoré au laque
d'or et orné d'applications d'étain et de nacre.
Feuillages aquatiques. XVIII° siècle.

200 millim. ╳ 160 millim.

12 — Suzuri bako, de forme rectangulaire, en bois naturel (bois d'écorce) orné
en applications de laque d'argent.
Chauves-souris.
Au revers du couvercle, un décor en léger relief de laques d'or et d'argent
sur fond mura-nashiji ; Juro-jin avec le cerf de longévité.

255 millim. × 165 millim.

Provenant de la vente Arthur Kay.

13 — Fumi bako, en laque noir ro-iro, décoré en léger relief de laque d'or.
Semis de chrysanthèmes. XVIIIᵉ siècle.

Long., 225 millim.

14 — Kobako, de forme rectangulaire, en laque brun tame, décoré en hira-
makiye d'or.
Barque à l'attache. XVIIIᵉ siècle.

200 millim. × 140 millim.

Provenant de la vente Arthur Kay.

15 — Kobako, de forme rectangulaire, en laque brun, décoré en léger relief de
laque d'or et orné d'applications de plomb et de nacre.
Pins maritimes. XVIIIᵉ siècle.

170 millim. × 100 millim.

16 — Kobako, de forme rectangulaire, en laque noir ro-iro, décoré en léger
relief de laque d'or et orné d'applications de plomb et de nacre.
Iris en fleurs.

Long., 70 millim.

Signé : **Sessei Korin.**

17 — Natsume, en laque noir rio-iro, décoré en léger relief de laque noir.
Herbes des champs. XVIIIᵉ siècle.

Diam., 80 millim.

Provenant de la vente Arthur Kay.

18 — Natsume, en laque d'or à fond mat kinji, décoré en léger relief de laque
taka-makiye d'or.
Fruit dans son feuillage. XVIIIᵉ siècle.

Diam., 75 millim.

19 — Kobako, de forme lenticulaire, en laque d'or à fond mat kinji, décoré en
léger relief de laque de couleur et orné d'incrustations de nacre.
Paysage de temple et coquillages.

Diam., 08 millim.

Signé : **Zoishin.**

20 — Kobako, de forme irrégulière, en laque de couleur.
Sauterelle et fourmi sur un fruit. XVIIIe siècle.

Long., 115 millim.

21 — Kobako, de forme irrégulière, en laque d'or à fond mat kinji, décoré en léger relief de laque de couleur.
Makemono déroulé. XVIIIe siècle.

Long., 80 millim.

22 — Kobako, en kanshitsu laqué or, représentant Furukuookju debout.

Haut., 95 millim.

*Cachet : **Kwan***.

23 — Bon, de forme irrégulière, en ro-gin-nuri, décoré en léger relief de laques d'or et d'argent.
Cigogne posée.

Larg., 280 millim.

Provenant de la vente Arthur Kay.

24 — Statuette, en bois laqué, représentant un oni debout, la tête surmontée d'un reliquaire.

Haut., 042 millim.

*Signé : **Gyokuzan***.

25 — Statuette, en bois sculpté et laqué, représentant l'empereur Kanyu assis. XVIIIe siècle.

Haut., 180 millim.

26 — Statuette, en bois naturel, représentant deux lutteurs aux prises.

Haut., 130 millim.

*Signée : **Hokyudo Itsumin***.

27 — Groupe, en buis sculpté, représentant un personnage accroupi, se faisant masser par un borgne.

Haut., 75 millim.

*Signé : **Sangetsudo Mosayoshi***.

28/38 — Collection de soixante-dix-huit ojime (coulants d'inro) en bois, laque, ivoire, bronze, etc. (Seront divisés.)

INRO

(BOITES A MÉDECINE)

39 — Inro à quatre cases, en laque noir ro-iro décoré, en léger relief auv laques
d'or et d'argent et orné d'applications de feuilles d'or et de nacre.
Chrysanthèmes en fleurs. XVIIIᵉ siècle.

40 — Inro à quatre cases, en kin-ji-nuri, décoré en léger relief aux laques
d'or et d'argent et orné de fines incrustations d'argent.
« Tengu et son petit » sous un cerisier en fleurs. XVIIIᵉ-XIXᵉ siècle.

41 — Inro à quatre cases, en tame-nuri, ciselé et laqué d'or.
Sur une face, un dragon dans les flots de la mer, sur l'autre l'inscription
allégorique.

Signé : **Hayashi** Toho.

42 — Inro à trois cases, en shu-nuri, décoré au laque d'or, au laque brun et au
laque vert.
Shoki surveillant un oni. XIXᵉ siècle.

43 — Inro à trois cases, en tame-nuri, décoré en haut relief aux laques d'or et
d'argent et au laque rouge.
Faucon liant une cigogne au-dessus des chrysanthèmes en fleurs.
XIXᵉ siècle.

44 — Inro à cinq cases, en laque noir ro-iro, décoré en haut relief, aux laques
d'or et d'argent et au laque brun, et orné d'incrustations de nacre.
Raiden debout sur un dragon au-dessus des flots.

Dessin signé : **Norinobu**.
Cachet : **Shusho**.

45 — Inro à quatre cases, en laque noir ro-iro, décoré en léger relief aux laques
d'or et d'argent et au laque rouge ; orné d'incrustations de nacre.
Singe sous un pin, cherchant à saisir le reflet du croissant de la lune sur
l'eau d'un lac. XVIIIᵉ-XIXᵉ siècle.

46 — Inro à quatre cases, en laque noir ro-iro et fundame-nashi-ji-nuri, décoré
en léger relief au laque d'or.
Pies au bord de la mer. XVIIIᵉ-XXIᵉ siècle.

Provenant de la collection du Dʳ Mène, 1ʳᵉ vente, nᵒ 1124.

47 — Inro à trois cases en kin-ji-nuri pointillé d'or, décoré en haut relief au
laque brun et rouge, orné d'incrustation de nacre.
Poisson et coquillage dans des herbes marines. XIXᵉ siècle.

Provenant de la collection W.-L. Behrens.

48 — Inro à quatre cases, en tame-nuri, décoré en relief au laque d'or et au
laque brun, orné d'incrustations de nacre et de plomb.
Escargot sur une tige de bambou. XVIIIᵉ siècle.

49 — Inro à quatre cases, en kin-ji-nuri, décoré en iroye-togidashi.
Coq, poule et poussins. XIXᵉ siècle.

Provenant de la vente Breton.

50 — Inro à trois cases, en laque noir ro-iro, gravé au trait rehaussé d'or, d'un
décor de tiges fleuries. L'inro est emboîté dans un étui en laque noir
ro-iro, décoré en relief au laque d'or et orné d'incrustations de feuilles d'or
et de nacre.
Hibou et moineaux dans les branches d'un arbre.

Cachet : Se.

Provenant de la collection W.-L. Behrens.

51 — Inro à quatre cases en kin-ji-nuri, décoré en léger relief, au laque d'or et
au laque noir; orné d'incrustations de feuilles d'or et de nacre.
Daimyo et dames de la cour.

Signé : Inaba.

Provenant de la vente W.-L. Behrens

52 — Inro à quatre cases en kanoko-nashi-ji-nuri, décoré en léger relief au
laque noir.
Vol de corbeaux, XVIIIᵉ siècle.

53 — Inro à quatre cases, en tame-nuri, décoré à plat au laque d'or et au laque
vert.
Barques chargées de nombreux passagers. XVIIIᵉ siècle.

Provenant de la vente W.-L. Behrens.

54 — Inro à quatre cases en laque noir ro-iro et fundame nashi-ji-nuri, décoré
en léger relief au laque d'or; orné d'incrustations de nacre.
Coq, poule et poussins.

Signée : Yoyusai Hara Kozan.

55 — Inro à trois cases, en laque noir ro-iro, décoré à plat, aux laques d'or et d'argent et au laque rouge.

Pigeons sur un colombier, sous un pin. — *Reproduction, pl. II.*

Signé : **Mitsuhiro.**

Cachet : **Yamamoto.**

56 — Inro à deux cases, en kin-ji-nuri, décoré en sumiye-togidashi.

Dragon dans les nuages.

Inscription : **D'après le dessin de Hozen Hidenobu.**

Signé : **Kwanshosai.**

57 — Inro à quatre cases, en kinfun-nashi-ji-nuri, décoré en togidashi noir et argent.

Cigognes près de nénuphars. — *Reproduction, pl. II.*

Signée : **Koetsu.**

58 — Inro à quatre cases, en nashi-ji-nuri, décoré en léger relief, aux laques d'or et d'argent, au laque rouge et au laque noir; orné d'applications de feuilles d'or.

Shoki, debout sur un pont, l'épée au poing guettant des oni qui se cachent. XVIIIᵉ siècle.

59 — Inro à trois cases, en laque noir ro-iro décoré en isoye-togidashi.

Chimère accroupie près d'un panier fleuri de pivoines.

Signée : **Kwanshosai.**

60 — Inro à une case, en laque noir ro-iro, décoré en haut relief, au laque d'or et au laque d'argent.

Fruit de kaki. XVIIIᵉ siècle.

61 — Inro à quatre cases, le fond entièrement couvert de lamelles parallèles en nacre, décoré en réserves, au laque d'or, au laque brun et au laque rouge; orné d'applications de feuilles d'or.

Singe, un éventail à la main, près d'un bol sur lequel est perché un oiseau. XVIIIᵉ siècle.

62 — Inro à quatre cases, eu nashi-ji-nuri décoré en léger relief, aux laques d'or et d'argent.

Scènes à petits personnages, sous des arbres en fleurs. XVIIIᵉ siècle.

63 — Inro à quatre cases, en nashi-ji-nuri décoré en léger relief, aux laques d'or et d'argent.

Chevaux caparaçonnés sous des pruniers en fleurs.

Signé : **Hoyu.**

64 — Inro à trois cases, en kin-ji-nuri, décoré en léger relief, aux laques d'or
et d'argent et aux laques noir et rouge.
Petit personnage conduisant un singe en laisse. XVIIIe siècle.

Provenant de la vente W.-L. Behrens.

65 — Inro à quatre cases, en laque noir ro-iro, décoré en iroye-togidashi.
Les sept Sages dans la forêt de bambous.

Signé : **Toyo.**

66 — Inro à cinq cases, en laque noir ro-iro, décoré en togidashi or et argent.
Chevaux. — *Reproduction, pl. II.*

Signé : **Soskian.**

Cachet : **To.**

67 — Inro à quatre cases, en laque noir ro-iro et yasuriko-nashi-ji-nuri, décoré
en léger relief, aux laques d'or et d'argent et aux laques noir, rouge et
brun.
Guerrier triomphant de deux adversaires.

Signé : **Jokosai.**

68 — Inro à quatre cases en tame-nuri, décoré en relief, au laque d'or et au
laque rouge et orné d'incrustations de nacre.
Enfants jouant avec des éléphants. XVIIe siècle.

69 — Inro à quatre cases, en laque noir ro-iro et nashi-ji-nuri, décoré en
relief et à plat aux laques d'or et d'argent.
Couples d'oiseaux, dans les rochers, au milieu de tiges fleuries.

Signé : **Kwanshosai.**

70 — Inro à cinq cases, en kin-ji-nuri, décoré en léger relief, aux laques d'or
et d'argent, et au laque rouge.
Cascade tombant des rochers, au bord de la mer. XVIIIe siècle.

71 — Inro à cinq cases, en laque noir ro-iro, décor en léger relief de laque
brun-vert.
Chauve-souris au vol. XVIIIe siècle.

Provenant de la vente W.-L. Behrens.

72 — Inro à cinq cases, en laque noir ro-iro, décoré en relief, au laque d'or.
Trois cigognes sous un bambou.

Signé : **Yoyusai**

73 — Inro à quatre cases, en kanoko-nashi-ji-nuri, décoré en léger relief, au
laque d'or et orné d'incrustations de feuilles d'or.
Instruments de musique.

Signé :

74 — Inro à quatre cases, en tame-nuri, décoré au laque d'or et au laque brun
vert ; orné d'incrustations de nacre.
Cavalier suivi de deux serviteurs. XVIIe siècle.

Provenant de la vente W.-L. Behrens.

75 — Inro à quatre cases, en laque noir ro-iro, décoré en haut relief, au laque
d'or ; orné d'incrustalions de nacre.
Samurai endormi au pied d'un arbre. XVIIIe-XIXe siècle.

76 — Inro à quatre cases, en usu-yasuriko-nashi-j-nuri, laissant, sur chaque
face, en verre, deux médaillons à fond de kin-ji-nuri, incrustés en haut
relief de shakudo, shibuichi, cuivre rouge, bronze doré et argent.
Samurai assis à terre ; jeune femme les cheveux déployés, s'éventant.

Signé : **Shokosai**

77 — Inro à deux cases, en ro-gin-nuri, décoré en sumiye togidashi.
Barque sur la mer, au pied de hautes collines. XVIIIe-XIXe siècle.

78 — Inro à quatre cases, en tame-nuri, décoré en léger relief, au laque d'or et
au laque brun ; orné de fines incrustations de fils d'or.
Barque chargée de deux fagots, sur les flots stylisés de la mer.
XVIIIe siècle.

Provenant de la vente W.-L. Behrens.

79 — Inro à quatre cases, en laque noir ro-iro poudré d'or, décoré aux laques
d'or et d'argent ; orné en incrustations de nacre, de malachite et de corne,
Bouquet de tiges fleuries, animé d'insectes.

Signé : **Sekikawa.**

Cachet : **Kaksunobu.**

Provenant de la vente du Dr Mène, n°

80 — Inro à trois cases, en tame-nuri décoré à plat, au laque d'or, orné
d'incrustations de nacre.
Maisonnette sous un saule pleureur, au bord de la mer, XVIIIe siècle,
— *Reproduction, pl. I.*

Provenant de la vente Arthur Kay, n° 227,

81 — Inro à quatre cases, en yasuriko nashi-ji-nuri, décoré en léger relief, aux
laques d'or et d'argent et au laque noir.
Buste d'Okame.

Signé : **Hokkyo Korin.**

Provenant de la vente W.-L. Behrens.

82 — Inro à cinq cases, en kin-ji-nuri, décoré en léger relief, aux laques d'or et
d'argent; orné d'applications de feuilles d'or.
Store à demi déroulé et tiges de nénuphar.

Signé : **Kajikawa.**

83 — Inro à quatre cases, en mura-nashi-ji-nuri, décoré en léger relief, au
laque d'or; orné d'incrustations de shakudo, d'or et de corne.
Enfants pêchant, au milieu des joncs d'un étang, sous un vol de papillons

Signé : **Toyo.**

84 — Inro à deux cases, en laque gris à surface granitée, laissant sur chaque
face une réserve ronde en laque noir ro-iro, décorées aux laques d'or et
d'argent et au laque rouge.
Okame, assise, un éventail à la main.

Signé : **Tazuke Kokyo.**

Cachet : **Tokuryo.**

Provenant de la vente W.-L. Behrens.

85 — Inro à quatre cases, en laque noir ro-iro et mura-nashi-ji-nuri, décoré en
togidashi or et argent.
Vol de papillons. XVIIIᵉ siècle. — *Reproduction pl. II.*

86 — Inro à quatre cases, en laque noir ro-iro, décoré en relief, au laque d'or,
au laque rouge et au laque vert; orné d'incrustations de malachite et de
nacre.
Grenouille sur la feuille d'un nénuphar en fleur. — *Reproduction, pl.*

Signé : **Jokasai.**

87 — Inro à trois cases, en laque noir ro-iro, décoré en léger relief, au laque
d'or et au laque rouge, orné d'incrustations de nacre.
Pont jeté sur une rivière que survole un essaim de lucioles. — *Reproduction, pl. I.*

Signé : **Koetsu.**

Provenant de la vente Tomkinson.

88 — Inro à quatre cases, en fundame-nashi-ji-nuri, décoré aux laques d'or et d'argent ; *orné d'incrustations de nacre.*

Paysan chargé de fagots, descendant un sentier, au milieu des montagnes, au pied d'une cascade.

Signé : **Chikanao.**

89 — Inro à trois cases, en laque noir ro-iro, décoré au laque d'or ; orné d'incrustations de feuilles d'or et de nacre.

Barque au repos et panier de pêche.

Signé : **Koami Gyosei.**

Provenant de la vente W.-L. Behrens.

90 — Inro à quatre cases, en laque noir ro-iro, décoré en togidashi d'or et d'argent.

Tortue nageant en plongée, au milieu de plantes aquatiques.

Inscription : **Dessin d'après Goshun.**

Signé : **Nagahide.**

Cachet : **Tokei.**

91 — Inro à trois cases, en tame-nuri décoré au laque noir et au laque d'or ; orné d'incrustations de nacre.

Le poëte Toba sur sa mule chevauchant au milieu des bambous.

XVII° siècle. — *Reproduction, pl. I.*

Provenant de la vente W.-L. Behrens.

92 — Inro à cinq cases, en kin-ji-nuri, décoré en léger relief, aux laques d'or et d'argent, aux laques noir et rouge.

Couple de cigognes, rejoignant un pin qui porte le nid de leurs petits.

Signé : **Ryusai.**

93 — Inro à quatre cases, en laque noir ro-iro, décoré en togidashi d'or et d'argent.

Oiseaux sous les branches d'un saule pleureur. — *Reproduction, pl. II.*

Signé : **Shigeyoshi.**

Provenant de la vente W.-L. Behrens.

94 — Inro à cinq cases, en kinfun-nashi-ji-nuri, décoré en relief, aux laques d'or et d'argent ; orné d'incrustations de nacre.

Tigre au pied d'une cascade.

Signé : **Heiseusai.**

Cachet : **Nagamitsu.**

95 — Inro à quatre cases, en laque noir ro-iro, décoré en léger relief au laque
   d'or, au laque rouge, et au laque brun.
   Guerrier chinois descendu de son cheval, et examinant une flèche, tandis
que son serviteur, à ses côtés tient l'arc à deux mains.

Signé : **Yamada Joka.**

Provenant de la vente W.-L. Behrens.

96 — Inro à quatre cases, en laque noir ro-iro, décoré en iroye togidashi.
   Jeune femme à sa toilette, assise devant son miroir. — *Reproduction,
pl. II.*

Signé : **Shozan.**

Provenant de la vente Arthur Kay, nº

97 — Inro à cinq cases, en kin-ji-nuri, décoré en léger relief, aux laques d'or
   et d'argent; orné d'incrustations de nacre.
   Jeunes enfants chassant les papillons.

Signé : **Koma Koriusai.**

98 — Inro à trois cases, en kin-ji-nuri, laissant sur chaque face deux réserves
   rondes en usu-yasuriko-nashi-ji-nuri, décorés en léger relief, aux laques
   d'or et d'argent et au laque rouge.
   Dragon, branche fleurie de cerisier et bambous.

Signé : **Koma Yasumasa.**

Provenant de la vente W.-L. Behrens.

99 — Inro à quatre cases, en nashi-ji-nuri, décoré en léger relief, aux laques
   d'or et d'argent; orné d'incrustations en relief d'or et d'argent.
   Carpe remontant une cascade.

Signé : **Toju à l'âge de 65 ans.**

100 — Inro à quatre cases, en mura-nashi-ji-nuri, décoré en léger relief, au
   laque d'or; orné d'incrustations d'or, d'argent et de corail.
   Couple de canards mandarins, sur le bord d'un ruisseau, sous un cerisier
en fleurs.

Signé : **Kajikawa.**

101 — Inro à deux cases, en laque noir ro-iro, décoré en léger relief, aux
   laques d'or et d'argent et au laque rouge.
   Daimyo et son samurai. XVIIIᵉ siècle.

102 — Inro à quatre cases, en laque noir ro-iro, décoré en léger relief, au laque d'or et au laque brun; orné d'incrustations de nacre.

Oies s'abattant dans les roseaux.

Signé : Jokasai.

Provenant de la vente Breton.

103 — Inro à quatre cases, en tame-nuri, décoré en léger relief au laque d'or; orné d'incrustations de plomb, de nacre et de corne.

Escargot et crabes. XVIIe siècle.

Provenant de la vente W.-L. Behrens.

104 — Inro pochette, à une case, en bois naturel, décoré en léger relief, au laque d'or.

Motifs floraux.

Signé : Togyoku.

105 — Inro à quatre cases, en tame-nuri, décoré en léger relief au laque d'or; orné d'incrustations de nacre et de plomb.

Petits personnages silhouettés, assis ou se promenant au bord de la mer. XVIIe siècle.

Provenant de la vente W.-L. Behrens.

106 — Inro à trois cases, en laque noir ro-iro, finement poudré d'or, décoré en léger relief, aux laques d'or et d'argent.

Rossignol sur la branche d'un cerisier en fleurs.

Signé : Koma Yasunori.

107 — Inro à quatre cases, en nashi-ji-nuri, décoré aux laques d'or et d'argent; orné de fines incrustations d'or et d'argent.

Maisonnettes sous les arbres, dans un paysage de montagnes et de cascades. XVIIIe siècle,

108 — Inro à cinq cases, en kin-ji-nuri, décoré en léger relief, aux laques d'or et d'argent.

Maisonnettes sous les pins, dans les montagnes, près d'une cascade. XVIIIe siècle.

109 — Inro à cinq cases, en kin-ji-nuri, décoré en léger relief, aux laques d'or et d'argent.

Chevaux dans la campagne. XVIIIe siècle.

110 — Inro à trois cases, en laque noir ro-iro, décoré en relief, au laque d'or
et au laque rouge; orné d'incrustations de feuilles d'or, de nacre et de
poterie.

Chimère près d'une table basse.

Cachet : **Kwan.**

Provenant de la vente Arthur Kay, n°

111 — Inro à quatre cases, en laque noir et brun rouge, imitant un bâton d'encre
de Chine sculpté en relief.

Tigre sous les bambous et dragon.

Cachet : **Kwan.**

112 — Inro à trois cases, en kin-ji-nuri, décoré en relief, au laque d'or; orné
d'incrustations de nacre et de plomb.

Vol de papillons.

Signé : **Koma Kyuhaku, d'après le dessin de Tawaraya Sotatsu.**

Provenant de la vente W.-L. Behrens.

113 — Inro à quatre cases, en ro-gin-nuri, décoré en léger relief, au laque d'or
et au laque noir; orné de fines incrustations de nacre.

Le Sennin au tigre, en compagnie de son animal favori et de deux
enfants.

Signé : **Tazuke Takanori.**

Provenant de la vente Arthur Kay, n°

114 — Inro à quatre cases, en kin-ji-nuri, décoré en léger relief aux laques d'or
et d'argent et aux laques rouge et noir, orné d'incrustations en haut relief
de shakudo et bronze doré.

Château-fort au bord de la mer. Au premier plan, poissons dans les flots.

Signé : **Koma Kyoryu.**

115 — Inro à trois cases, en mura-nashi-ji-nuri, décoré en iroye-togidashi.
Buste de Daruma.

Inscription : **D'après le dessin de Issen Hogen.**

116 — Inro à deux cases, en laque noir ro-iro, décoré en relief, aux laques d'or
et d'argent et au laque brun.

Couple de chiens et branche fleurie. — *Reproduction, pl. I.*

Inscription : **D'après le dessin de Hogen Sukekyo.**

Signé : **Koma Kyuhaku.**

Provenant de la vente W.-L. Behrens.

117 — Inro à cinq cases, en laque noir ro-iro, décoré en relief, aux laques d'or
et d'argent et au laque rouge.

Démon sorti des nuages, saisissant un samurai par les cheveux : le guerrier tire son sabre tandis que son cheval s'enfuit.

Signé : **Kajikawa.**

118 — Inro à trois cases, en kanoko-nashi-ji-nuri, décoré en léger relief, aux
laques d'or et d'argent.

Cigogne et moineaux, au vol.

Signé : **Koma Kyoryu.**

Provenant de la vente W.-L. Behrens.

119 — Inro à trois cases, en laque noir ro-iro, décoré en haut relief, aux laques
d'or et d'argent et au laque brun rouge, orné d'incrustations de poterie.

Vol d'hirondelles de mer au-dessus des brise-lames.

Cachet : **Kwan.**

Provenant de la vente Arthur Kay, n°

120 — Inro à quatre cases, en laque noir ro-iro, poudré d'or et décoré aux
laques d'or et d'argent, orné de larges incrustations de nacre.

Couple de libellules. XIXe siècle.

Provenant de la vente W.-L. Behrens.

121 — Inro à quatre cases, en laque noir, poudré d'or et d'argent, décoré en
haut relief, aux laques d'or et d'argent et aux laques rouge, vert et noir.

Scène légendaire : Daruma assis à terre, fumant une pipette : de minus-
cules personnages l'entourent et l'escaladent.

Signé : **Koma Kwansai.**

122 — Inro à trois cases, en laque noir ro-iro, décoré en léger relief, aux laques
d'or et d'argent et aux laques rouges et vert.

Aigle et couple de singes sur les branches d'un arbre. XVIIIe siècle.

123 — Inro à cinq cases, en mura-nashi-ji-nuri, décoré en léger relief, aux
laques d'or et d'argent et au laque rouge.

Vases plantés de tiges fleuries.

Signé : **Harunari.**

124 — Inro à quatre cases, en laque noir ro-iro, décoré en léger relief, au laqué
d'or, orné d'incrustations d'argent et de corne.

Paysan, fumant sa pipette, assis dans sa barque chargée de fagots, au
pied des collines.

Provenant de la vente Arthur Kay, n°

125 — Inro à quatre cases, en kin-ji et mura-nashi-ji-nuri, décoré en léger relief, aux laques d'or et d'argent et au laque rouge, orné d'incrustations de corne et de nacre.

Libellules survolant des corbeilles fleuries.

Signé : **Kajikawa**.

126 — Inro à trois cases, en yasuriko-nashi-ji-nuri, décoré en léger relief, aux laques d'or et d'argent, et au laque brun.

Moineaux dans les bambous.

Signé : **Koma Yasunori**.

127 — Inro à quatre cases, en laque noir ro-iro, décoré en léger relief, aux laques d'or et d'argent et aux laques vert et rouge.

Chasseur achevant au poignard un énorme singe que son camarade vient d'abattre d'une flèche.

Signé : **Koma Kiyuhaku**.

128 — Inro à trois cases, en tame-nuri, décoré en léger relief, au laque d'or et au laque rouge.

Scène légendaire : Empereur accompagné d'un phénix, se promenant dans la campagne. XVIIIᵉ siècle.

Provenant de la vente W.-L. Behrens.

129 — Inro à une case, en kin-ji-nuri, décoré en léger relief, aux laques d'or et d'argent et aux laques rouge et noir.

Jeune fille, debout, dans la campagne.

Netsuke en ivoire : pigeon et son petit. XVIIIᵉ siècle. — *Reproduction, pl. I.*

Provenant de la vente Planard, nº

130 — Inro à trois cases, en kin-ji-nuri, offrant sur chaque face, en réserve, deux médaillons ronds à fond nashi-ji-nuri, décorés en léger relief, aux laques d'or et d'argent.

Oiseau Ho et branches fleuries.

Signé : **Tosen**.

131 — Inro à deux cases, en laque noir ro-iro, décoré en relief, au laque d'or et au laque rouge.

Coq perché sur un tambous, près d'un rocher et de volubilis.

Signé : **Hakuyo Ken**.

132 — Inro à quatre cases en nashi-ji-nuri, décoré au laque d'or.

Deux samurai, montés chacun sur une barque, s'affrontant dans la tempête. XVIIIᵉ siècle.

Provenant de la 2ᵉ vente du Dʳ Mène, nᵒ

133 — Inro à quatre cases, en laque noir ro-iro, décoré en léger relief au laque d'or, au laque brun et au laque rouge.

Singe et lapin, dans les herbes, jouant au jeu de kubi-biki.

Provenant de la vente Dolfus, nᵒ

134 — Inro à trois cases, en laque noir ro-iro finement poudré d'or, décoré en léger relief aux laques d'or et d'argent.

Scène légendaire. XVIIIᵉ siècle.

Provenant de la vente W.-L. Behrens.

135 — Inro à cinq cases, en laque noir ro-iro, décoré en léger relief au laque d'or, orné d'incrustations de feuilles d'or et d'argent.

Les sept Sages dans la forêt de bambous.

Signé : Kajikawe.

136 — Inro à quatre cases, en kin-ji-nuri, décoré en léger relief, aux laques d'or et d'argent.

Paysages de temples dans les collines plantées d'arbres, au bord d'un lac.

Signé : Kajikawa.

137 — Inro à trois cases, en mura-nashi-ji-nuri, décoré en togidashi d'or et d'argent.

Oie au vol passant devant le disque de la lune. — *Reproduction, pl. I.*

Signé : Tosen.

Provenant de la vente W.-L. Behrens.

138 — Inro à quatre cases, en mura nashi-ji-nuri, décoré en léger relief aux laques d'or et d'argent orné d'incrustations de corne.

Hirondelles volant devant une portière en cordelette tressée.

Signé : Eikian.

139 — Inro à quatre cases, en laque noir ro-iro, décoré en iroye togidashi.

Shoki, le sabre à la main poursuivant des oni. XIXᵉ siècle.

140 — Inro à quatre cases, en kin-ji-nuri, décoré en léger relief, aux laques d'or et d'argent et au laque rouge.

Les douze animaux du zodiac. XIXᵉ siècle.

141 — Inro à quatre cases, en laque noir ro-iro, finement poudré d'or, décoré en iroye-togidashi.

Deux joueurs surpris par l'arrivée d'un aveugle que conduit un serviteur. XIX° siècle.— *Reproduction, pl. II.*

Signé : **Koma Kyoryu.**

142 — Inro à cinq cases, en nashi-ji-nuri, décoré en relief, aux laques d'or et d'argent, orné d'incrustations de feuilles d'or.

Combat de Yoshitsune et d'un tengu. XVIII°-XIX° siècle.

143 — Inro à quatre cases, en kin-ji-nuri, décoré en léger relief, au laque d'or, orné d'incrustations d'ivoire.

Jeunes femmes près d'une urne à sake.

Signé : **Shokwasai.**

144 — Inro à quatre cases, en tame-nuri, finement poudré d'or, décoré en léger relief aux laques d'or et d'argent et aux laques vert et rouge.

Coq et poussins. XVIII°-XIX° siècle.

145 — Inro à cinq cases, en kin-ji-nuri, décoré en léger relief, aux laques d'or et d'argent et aux laques rouge et noir.

Jeux d'enfants. XVIII°-XIX° siècle.

146 — Inro à quatre cases, en nashi-ji-nuri, décoré en léger relief, aux laques d'or et d'argent et au laque noir.

Maisonnette sous les pins, près d'un torrent. Dans le ciel, passe un corbeau.

Signé : **Jokasai.**

147 — Inro à quatre cases, en laque noir ro-iro, décoré en iroye togidashi, orné d'incrustations de nacre.

Couple de canards mandarins près d'un ruisseau.

Signé : **Chikanao.**

148 — Inro à quatre cases, en kin-ji-nuri, décoré en léger relief, aux laques noir et rouge.

Fleurs de paulownia. XVII° siècle. — *Reproduction, pl. I.*

Provenant de la vente W.-L. Behrens.

149 — Inro à quatre cases en yasuriko-nashi-ji-décoré à plat, aux laques d'or et d'argent et aux laque rouge.

Mascarade et processions.

Signé : **Kajikawa.**

150 — Inro à quatre cases, en laque noir ro-iro, décoré en relief, aux laques
d'or et d'argent.
Oie s'abattant dans les roseaux. — *Reproduction, pl. II.*

Signé : Jokasai.

151 — Inro à quatre cases, en kin-ji-nuri, décoré aux laques d'or et d'argent et
aux laques noir et rouge.
Jeunes femmes et leurs amis jouant sur une terrasse.

Signé : Kajikawa.

152 — Inro en kin-ji-nuri, décoré en léger relief, aux laques d'or
et d'argent.
Enfants roulant une énorme boule de neige. XVIIIᵉ-XIXᵉ siècle.

KUSHI

(PEIGNES)

153 — Kushi, de forme cintrée, en laque rouge, décoré au laque d'or et orné
d'applications de nacre et d'heidatsu.
Papillons butinant des bouquets de pivoines. XVIIIᵉ siècle.

154 — Kushi à pans coupés, en ivoire, décoré en léger relief de laque d'or.
Libellule se posant sur un bouquet de fleurs. XVIIIᵉ siècle.

155 — Kushi, en laque tame, imitant l'écaille, décoré en léger relief de laque
d'or : personnage un bâton à la main poursuivant un renard. XVIIIᵉ siècle.

156 — Kushi, de forme cintrée, en laque d'argent, décoré au laque d'or de
poissons et d'herbes sèches. XVIIIᵉ siècle.

157 — Kushi à pans coupés, en laque taka-makiye d'or, décoré en léger relief
de bouquets d'herbes des champs. XVIIIᵉ siècle.

158 — Kushi à pans coupés, en laque mura-nashiji, décoré en haut relief de
laque d'or et orné d'applications de corail.
Branches de kakis. XVIIIᵉ siècle.

159 — Kushi, de forme cintrée, en laque rouge, décoré au laque d'or.
Scènes de théâtre auprès d'un camp. XVIIIᵉ siècle.

160 — Kushi, de forme cintrée, en laque brun tame, décoré au laque d'or.
Bouquets de chrysanthèmes. Début du XVIIIᵉ siècle.

161 — Kushi, de forme cintrée, en laque mura-nashiji, décoré en léger relief
de laque d'or de différents tons et orné d'heidatsu.
Oiseau posé sur un buisson de chrysanthèmes.

Signé : **Yanagova**.

162 — Kushi, à pans coupés, en laque mura-nashiji, décoré en léger relief de
laque d'or, d'une stylisation florale coupée d'armoiries. XVIIIᵉ siècle.

163 — Kushi, à pans coupés, en laque noir ro-iro, décoré à plat, en laque d'or
et laque de couleur, d'un semis de fleurs de cerisiers. XVIIIᵉ siècle.

164 — Kushi, à pans coupés, en laque taka-makiye d'or orné d'applications de
corail.
Couple dans une rizière.

165 — Kushi, à pans coupés, en laque taka-makiye d'or.
Oiseaux posés sur un îlot de rochers. XVIIIᵉ siècle.

166 — Kushi, à pans coupés, en laque kinji, décoré en léger relief de laque
d'or.
Femme et fillette dans un paysage de collines. XVIIIᵉ siècle.

167 — Kushi, de forme cintrée, en laque d'or à fond mat kinji, décoré en léger
relief de laque d'or.
Vol de cigognes. XVIIIᵉ siècle.

168 — Kushi, à pans coupés, en laque brun tame, décoré en léger relief de
laques d'or et de couleur et orné d'heidatsu.
Coquillages pour le jeu du ko-awase. XVIIIᵉ siècle.

169 — Kushi, à pans coupés, en laque noir ro-iro, décoré en léger relief de
laque d'or.
se poursuivant dans les branches d'un saule. XVIIIᵉ siècle.

170 — Kushi, à pans coupés, en ivoire, décoré en léger relief de laque d'or et
de laque de couleur.
Vol de cigognes. XVIIIᵉ siècle.

Provenant de la vente Arthur Kay.

171 — Kushi, à pans coupés, en bois naturel, décoré au laque d'or et orné
d'incrustations de nacre.
Corbeille fleurie sur un chariot. XVIIIᵉ siècle.

172 — Kushi, à pans coupés, en bois naturel, décoré en léger relief de laque d'or.
Chimères et pivoines. XVIIIe siècle.

173 — Kushi, à pans coupés, en laque noir ro-iro, serti d'argent, décoré en léger relief de laques d'or et d'argent : Raiden lançant la foudre. XVIIIe siècle.

174 — Kushi, à pans coupés, en laque mura-nashiji, décoré en léger relief de laque d'or.
Noble suivi de ses serviteurs, arrivant en vue du Fuji. XVIIIe siècle.

175 — Kushi, à pans coupés, en laque mura-nashiji, décoré en léger relief de laque d'or et de laque rouge et orné d'applications d'étain.
Bouquets de lotus. XVIIIe siècle.

KISERI ZUTSU

(ÉTUIS A PIPE)

176 — Kushi, à pans coupés, en laque taka-makiye d'or, décoré en léger relief d'un fukusa. XVIIIe siècle.

177 — Kiseru zutsu en corne de cerf sculptée, représentant un personnage hollandais debout. XVIIIe siècle.

178 — Kiseru zutsu en ivoire, sculpté en haut relief d'une femme portant un panier de fleurs.
Signé : **Keishu**.

179 — Kiseru zutsu en corne de cerf, représentant une tenaille sur laquelle est juché un oni.
Signé : **Tani**.

180 — Kiseru zutsu en corne de cerf, sculpté d'un oiseau ho posé sur une branche fleurie.
Signé : **Shomin**.

181 — Kiseru zutsu, en ivoire, sculpté de Shoki au pied d'un pin, poursuivant un oni qui se réfugie sur une branche.

Signé : **Seishi.**

182 — Kiseru zutsu, en corne de cerf, sculpté d'une chimère s'efforçant d'atteindre une gourde suspendue à un sceptre. XVIIIe siècle.

183 — Kiseru zutsu, en bois sculpté, orné d'incrustations d'ivoire et de céramique : bols et ornements de cha-no-yu.

Signé : **Ikko.**

184 — Kiseru zutsu, en bois sculpté, orné d'incrustations d'ivoire et de céramique : pêcheur ayant accroché sa ligne dans les branches d'un pin.

185 — Kiseru zutsu, en bois naturel orné d'incrustations d'ivoire et de céramique.

Grenouille sous un pin auprès d'un éventail.

Signé : **Ikko.**

186 — Kiseru zutsu, en bois naturel, décoré en applications de bronze et métaux divers, de petites fourmis. XVIIIe siècle.

187 — Kiseru zutzu, en bois naturel, orné d'applications d'ivoire et de laque : bracelets et ornements divers.

Signé : **Hironaga.**

188 — Kiseru zutsu, en bambou, sculpté d'un pêcheur assis que menace un tengu. XVIIIe siècle.

189 — Ornement en corne de cerf, sculpté d'une tête de grotesque. XVIIIe siècle.

190 — Kiseru zutsu en fer damasquiné d'or : le Sennin Gama et son crapaud. XVIIIe siècle.

191 — Tsuka, poignée de sabre, en bois de fer, sculptée en haut relief d'un dragon au milieu des nuages. Fuchi kashira en bronze ciselé d'animaux variés. XVIIIe siècle.

192 — Pochette à tabac et étui à pipe, en cuir, orné d'une plaquette en fer incrusté de shakudo et d'or : pêcheur assis sur une souche. Netsuke en fer, en forme d'une feuille de lotus sur laquelle est posée une petite grenouille. XVIIIe siècle.

193 — Pochette à tabac et étui à pipe, en cuir, ornée d'une plaquette en bronze incrusté d'or et d'argent, ciselée d'un dragon tentant l'escalade du Fuji. Kagamibuta en shakudo incrusté d'or : sanglier au clair de lune. XVIIIe siècle.

NETSUKE

Ivoire.

194 — Jeune femme, couchée sur une natte. XVIIIe siècle. — *Reproduction, pl. III.*

Provenant de la vente W.-L. Behrens.

195 — Aspinaga et Tenaga, luttant amicalement. — *Reproduction, pl. III.*

Signé : **Gyokuyosai.**

Provenant de la vente W.-L. Behrens.

196 — Deux raies. XVIIIe siècle.

197 — Caille becquetant un fruit de maïs.

Provenant de la vente W.-L. Behrens.

198 — Lapin couché sur une feuille.

Signé : **Ikkosai.**

199 — Moineau de Yedo.

Signé : **Masanao.**

Provenant de la vente Kiss, n°

200 — Jeune couple au bord des flots. XVIIIe siècle. — *Reproduction, pl. III.*

201 — Hanya grimpé sur une cloche de temple. (Ivoire teinté rouge et vert.) XVIIIe siècle.

Provenant de la vente W.-L. Behrens.

202 — Cheval sortant d'une gourde enveloppée dans son feuillage.

Signé : **Shusuian.**

203 — Escargot.

204 — Trois cailles.

*Signé : **Masakatzu**.*

Provenant de la vente W.-L. Behrens.

205 — Poisson lune.

*Signé : **Masana**.*

Provenant de la vente W.-L. Behrens.

206 — Chimère. XVIIIᵉ siècle.

Provenant de la vente W.-L. Behrens.

207 — Tête de cheval, formant cachet. XVIIIᵉ siècle.

Provenant de la vente W.-L. Behrens.

208 — Le Sennin Gama, son animal favori sur la tête. XVIIIᵉ siècle. — *Reproduction, pl. III.*

Provenant de la vente W.-L. Behrens.

209 — Cigogne, un tanzaku attaché à la patte. XVIIIᵉ siècle. — *Reproduction, pl. III.*

Provenant de la vente W.-L. Behrens.

210 — Groupe de tortues sur une feuille de nénuphar.

*Signé : **Tomochika**.*

211 — Jeune femme et son enfant à leur toilette. — *Reproduction, pl. III.*

*Signé : **Tomomasa**.*

212 — Deux Nyo, accroupi sur une sandale, luttant de force et d'adresse. — *Reproduction, pl. III.*

*Signé : **Itsumin**.*

213 — Poulpe caché dans un mizusashi cassé.

*Cachet : **Seïshi**.*

Provenant de la vente W.-L. Behrens.

214 — Deux jeunes chiens.

*Signé : **Tomochika**.*

215 — Singe tenant à pleine main un fruit.

*Signé : **Mazakazu**.*

216 — Cavalier tirant de l'arc. — *Reproduction, pl. III.*

> *Signé :* **Chikuunsai.**

217 — Cerf.

> *Signé :* **Gyokusan.**

218 — Jeune enfant jouant avec un Portugais qui porte un singe sur son dos.

> *Signé :* **Masa.**

219 — Sennin portant sur le dos une énorme gourde.

> *Signé :* **Masamori.**
>
> *Provenant de la vente W.-L. Behrens.*

220 — Sage et son chelah. — *Reproduction, pl., III.*

> *Signé :* **Tomochika.**

221 — Scène légendaire. XVIIIᵉ-XIXᵉ siècles.

> *Provenant de la vente W.-L. Behrens.*

222 — Okame admirant un masque.

> *Signé :* **Shuosai.**

223 — Portugais dressant deux coqs de combat.

224 — Chinois caressant son chien.

> *Signé :* **Norizane.**

225 — Prêtre portant à bout de bras un grelot.

226 — Singe accroupi se bouchant les oreilles.

> *Signé :* **Rankwa.**

227 — Ono komachi assise sur un tronc d'arbre.

228 — Groupe de trois jeunes chiens.

> *Signé :* **Tomochika.**

229 — Demi-coffret, sculpté dans le fond, d'une scène à deux personnages ;
jeune femme portant une boîte, debout près d'un samurai accroupi.

230 — Chauve-souris.

> *Signé :* **Okatomo.**

231 — Deux oni soutenant un paravent sculpté de la tête de Daruma.

232 — Écran ajouré et sculpté d'un cavalier galopant sur les flots de la mer.

233 — Singe dissimulant son visage derrière le masque d'Okame.

Provenant de la vente W.-L. Behrens.

234 — Groupe de petits personnages, escaladant une statue géante du Buddah.

Signé : **Narizaki.**

235 — Jeune enfant jouant avec un chien.

Signé : **Tomochika.**

236 — Jeune homme, drapé dans un manteau, debout et souriant.
XVIIIᵉ siècle.

Provenant de la vente W.-L. Behrens..

237 — Bataille d'aveugles.

Signé : **Tomochika.**

238 — Enfant grimpant au front démesuré de Fukurokuju, le dieu de la longévité.

239 — Hibou perché sur une branche morte.

Signé : **Mitsukiro.**

240 — Jeune femme assise sur un buffle (formant cachet).

241 — Pèlerin s'amusant d'un poulpe.

Signé : **Masanas.**

242 — Singe grimpé sur un paravent.

243 — Vieillard prenant son bain dans une cuve.

Signé : **Rakutami.**

244 — Corbeille pleine de poulpes et de poissons.

Signé : **Ikkosay.**

Provenant de la vente W.-L. Behrens.

245 — Squelette se dissimulant à demi derrière un éventail ; sur son genou est
assis un jeune singe (corne de cerf).

246 — Jeune femme debout, déroulant un makimono.

Provenant de la vente W.-L. Behrens.

247 — Pêcheur grimpé sur un énorme poisson-lune.

Signé : **Masatcmo.**

248 — Apsara.

Provenant de la vente Arthur Kay, n° 986.

249 — Deux enfants accroupis auprès d'une cuve qui porte une boussole.

250 — Singe, occupé à manger une pâte excellente.

Provenant de la vente W.-L. Behrens.

251 — Petit personnage portant un fruit de gourde gigantesque.

Signé : **Gyokuunsai.**

Provenant de la vente W.-L. Behrens, 3ᵉ partie.

252 — Ashinaga et Tenaga revenant de la pêche.

Signé : **Jugyoku.**

253 — Hotei dans une barque, buvant en compagnie de Hotei et de Benten.

Signé : **Kazumasa.**

254 — Deux enfants, assistant avec admiration à la métamorphose d'une marmite en blaireau.

Signé : **Ikkosai.**

255 — Divinité ceinte de l'auréole, assise dans un vaste fauteuil d'ébène. Devant elle, deux oni sont accroupis.

Cachet : **Kiyo.**

256 — Singe sur une coquille d'ormeau.

Signé : **Kogyokusai.**

257 — Groupe d'aveugles.

Signé : **Gyokusai.**

258 — Ascète assis en méditation, sur un rocher (laqué rouge et or).

259 — Tête de poisson sec (corne).

260 — Singe et poulpe.

Signé : **Masatsugu.**

261 — Okimono : Daikoku, Hotei et Benten admirant une rose merveilleuse.

Signé : **Kawamoto Suraku.**

262 — Okimono : Poulpe géant apprivoisé par deux jeunes pêcheuses.

Signé : **Shuraku.**

Provenant de la vente J. Dollfus, n° 312.

263 — Okimono : Jeune femme en costume de cour, agenouillée.

Signée : **Shinyosay.**

Cachet : **Noboyuki.**

264 — Cornac et son enfant près d'un éléphant.

Signé : **Minkoku.**

Provenant de la vente W.-L. Behrens.

265 — Coquillages entassés (laqué brun vert.)

Signé : **Hidari.**

Provenant de la vente W.-L. Behrens.

266 — Montreur de singe savant (laqué au laque d'or et aux laques rouge et noir.)

267 — Enfant accoudé à une table basse (laqué rouge).

Provenant de la vente W.-L. Behrens.

268 — Okimono : Dragon tenant dans sa griffe la perle sacrée.

Bois.

269 — Personnage à corps de sirène, tenant dans ses mains la perle sacrée. Style de Shuzan.

270 — Fukurokuju, la tortue de longévité près de lui, écrivant sur un makimono.

Signé : **Shuzan.**

Provenant de la vente W.-L. Behrens.

271 — Crapaud. XVIII° siècle. — *Reproduction, pl. IV.*

Provenant de la vente W.-L. Behrens,

272 — Personnage grotesque et joufflu. XVIII° siècle.

273 — Tigresse et son petit. — *Reproduction, pl. III.*

Signé : **Masamitsu.**

274 — Serpent enroulé sur lui-même. — *Reproduction pl. III.*

Signé : **Deme Taiman.**

275 — Cosses de haricot, aux graines mobiles.

Signé : **Rantei.**

Provenant de la vente W.-L. Behrens,

276 — Groupe de trois tortues. — *Reproduction, pl. III.*

Signé : **Tomotada.**

277 — Jeune femme couchée à terre, endormie.

Signée : **Kazutsura.**

278. — Coq. — *Reproduction, pl. IV.*

Signé : **Ikko.**

279 — Bœuf couché. — *Réproduction, pl. IV.*

Signé ? **Tanekiyo.**

280 — Squelette portant un énorme crâne aux dents en ivoire.

281 — Dragon et chimère dressée debout, formant cachet.

Provenant de la vente W.-L. Behrens,

282 — Poisson-lune.

Provenant de la vente W.-L. Behrens,

283 — Chimère à tête de bélier.

Provenant de la vente W.-L. Behrens,

284 — Serpent attaquant une troupe de singes blottis sur un rocher.

Signé : **Masanao.**

Provenant de la vente W.-L. Behrens,

285 — Petit acrobate.

286 — Colporteur assis près de son sac.

287 — Paysan et oni luttant, sur une gigantesque feuille de nénuphar.

Signé : **Ryomin.**

Provenant de la vente W.-L. Behrens,

288 — Crapaud pustuleux. — *Reproduction, pl. IV.*

Signé : **Masatada.**

289 — Serpent sur un crâne.

Signé : **Suketada.**

290 — Chimère.

Provenant de la vente W.-L. Behrens,

291 — Tigre.

Provenant de la vente W.-L. Behrens,

292 — Les Sept Sages dans la forêt de bambous.

Signé : **Tametaka.**

293 — Chimère à tête de singe.

Signé : **Yoritaka.**

Provenant de la vente W.-L. Behrens,

294 — Mireur d'œuf.

Signé : **Shugetsu.**

Provenant de la vente W.-L. Behrens,

295 — Crapaud.

296 — Groupe de trois tortues : deux petites sont grimpées sur la carapace d'une plus grosse.

Signé : **Shozan.**

297 — Les trois singes mystiques (sam-biki-saru) près d'une châtaigne creuse.

Signé : **Marachika.**

298 — Portugais debout, armé de l'arc et tenant une flèche à la main.

Provenant de la vente W.-L. Behrens,

299 — Daruma, jouant, baillant à pleine bouche.

Provenant de la vente W.-L. Behrens,

300 — Petit panneau, offrant en relief d'ivoire, un singe agenouillé sur un tapis.

Provenant de la vente W.-L. Behrens,

301 — Vieille femme baignant un enfant dans un baquet.

Signé : **Hidemasa.**

Provenant de la vente W.-L. Behrens,

302 — Chimère tenant entre ses crocs, une tige fleurie de pivoine.

303 — Femme couchée à terre, allaitant son enfant. — *Reproduction, pl. IV.*

Signé : **Tadakuni.**

304 — Poussin perché sur une demi-coquille d'œuf. — *Reproduction, pl. IV.*

305 — Poisson.

Provenant de la vente W.-L. Behrens,

306 — Chimère bâillant.

Provenant de la vente W.-L. Behrens,

307 — Singe croquant un fruit.

Signé : **Minko.**

Provenant de la vente W.-L. Behrens,

308 — Sennin poursuivant un dragon caché dans une caverne.

Signé :

Provenant de la vente W.-L. Behrens,

309 — Petit personnage couché à terre, lisant un livre ouvert devant lui. — *Reproduction, pl. IV.*

Signé : **Tokaku.**

310 — Groupe de quatre singes grimpés sur une souche. — *Reproduction, pl. IV.*

Signé : **Kokei.**

311 — Crapaud sur une feuille.

Signé : **Tounsai.**

312 — Pousses de bambou, rongées aux vers.

Signé : **Toyomasa.**

313 — Rat sur un pinceau.

Provenant de la vente W.-L. Behrens,

314 — Silure.

Signé : **Hansen.**

Provenant de la vente W.-L. Behrens,

315 — Canard mandarin.

Signé :

Provenant de la vente W.-L. Behrens,

316 — Chimère.

Signée : **Kokei.**

Provenant de la vente W.-L. Behrens,

317 — Mangai, dansant, le visage caché derrière un masque d'ivoire.

Signé : **Homin.**

318 — Tigre et dragons luttant, sur la plage.

Provenant de la vente W.-L. Behrens.

319 — Singe arrachant une branche de kaki à ses deux petits.

Signé : **Isshin.**

320 — Escargot.

Signé : **Tadahisa.**

321 — Jeune enfant couché à terre.

322 — Crapaud sur une sandale. — *Reproduction, pl. IV.*

Signé : **Kokei.**

323 — Singe habillé en pèlerin, une lanterne à la main.

324 — Bouc couché.

Signé : **Minko.**

Provenant de la vente W.-L. Behrens,

325 — Sennin, tenant un makimono à la main et chargé de livres.

Provenant de la vente W.-L. Behrens,

326 — Singe et son petit, mangeant des fruits. — *Reproduction, pl. IV.*

Signé : **Ikkwan.**

527 — Crapaud portant ses petits sur son dos.

Signé : **Yosei.**

528 — Enfant admirant un baquet.

Provenant de la vente W.-L. Behrens.

529 — Singe sortant d'une châtaigne.

Signé : **Toyokazu.**

530 — Mireuse d'œuf.

Provenant de la vente W.-L. Behrens.

531 — Singe croquant un fruit.

Signé : **Masanao.**

532 — Menuisier fabriquant cuve.

533 — Troupe de singes maîtrisant un cheval.

Signé : **Masayuki.**

534 — Mouche posée sur un grelot.

Signé : **Jujo.**

Provenant de la vente W.-L. Behrens.

Manju.

535 — Manju, de forme ovale, en laque taka-makiye d'or et d'argent : paysage planté de pins. XVIIIᵉ siècle.

536 — Manju-kakabo, en laque mura-nashiji, décoré en léger relief de laque d'or et de laque d'argent : feuille et nuages.

Signé : **Koju.**

537 — Manju-kobako, en laque taka-makiye d'or, représentant une cage dans laquelle se voit un grillon.

Signé : **Nobusada.**

538 — Manju-kobako, en bambou, décoré au laque d'or de motifs floraux.

Signé : **Bunsai.**

339 — Manju-kobako, en bois naturel, orné d'incrustations d'ivoire : instruments de cha no yu.

Signé : **Doraku**.

340 — Manju, en forme d'un petit brûle-parfums, en bois, sculpté de dragons dans les flots.

Signé : **Hyokatsu**.

341 — Manju, en bois naturel, décoré au laque d'or d'un poisson et d'une rave. XVIIIe siècle.

342 — Manju, en bois naturel, orné d'incrustations de corne et de nacre : libellules. XVIIIe siècle.

343 — Manju, en bois naturel, sculpté du Sennin Gama en buste. XVIIIe siècle.

344 — Manju, en bois naturel, sculpté et orné d'incrustations de nacre : tigres dans les bambous.

Signé : **Masatsugo**.

345 — Manju, en bois naturel, incrusté de shakudo : coquille d'awabi.

Signé : **Arita**.

346 — Manju en ambre, sculpté d'un chrysanthème. XVIIIe siècle.

347 — Manju, en ivoire, sculpté de deux Manzaï dansant auprès d'une jardinière fleurie.

Signé : **Onoriomin**.

348 — Manju, en ivoire : Shojo et branche fleurie.

Signé : **Ikkosai Takasane**.

349 — Manju, en ivoire, sculpté d'un personnage assis près d'un crapaud. XVIIIe siècle.

350 — Manju, en ivoire, sculpté d'un enfant sur le dos d'un bœuf.

Signé : **Ipposai**.

351 — Manju, en ivoire : enfants épouvantés devant un guignol.

Signé : **Minkoku**.

352 — Manju, en ivoire, sculpté d'un enfant jouant avec un cheval jupon.

Signé : **Minkoku**.

353 — Manju, en ivoire sculpté : Moso déterrant des pousses de bambou.
Signé : **Minkoku.**

354 — Manju, en shakudo et shibuichi, incrusté de métaux précieux : coq,
poule et poussins. XVIIIe siècle.

CÉRAMIQUE DU JAPON

355 — Bol couvert, en faïence émaillée crème, décorée à Kyoto, en émaux
polychromes, d'oiseaux et de branchages fleuris.
Fours de la province de Satsuma.
Signé : **Kinkozan.**

Diam., 190 millim.

356 — Bol couvert, en faïence émaillée crème décorée en émaux polychromes,
d'une scène à personnages.
Fours de la province de Satsuma.
Signé : **Riuondo.**

Diam., 170 millim.

357 — Koro, de forme tubulaire, en biscuit émaillé gros bleu, décoré en léger
relief d'émaux polychromes, de médaillons d'oiseaux, et de fleurs. Couvercle en bronze, représentant un chrysanthème.
Fours de Kyoto.

Haut., 105 millim.

358 — Chawan, en grès émaillé crème, décoré en émaux polychromes de deux
danseurs de cour.
Fours de Kyoto.

Haut., 110 millim.

359 — Récipient en forme d'un panier à anse, en biscuit émaillé crème, décoré
en émaux polychromes de médaillons et de nuages.
Fours de Kyoto.
Cachet : **Futamono.**

Haut., 180 millim.

360 — Coupe ronde sur piédouche, en faïence émaillée crème, décorée en émaux bleu et vert d'une stylisation de pins.
Fours de Kyoto.

Signé : **Kenzan, d'après un dessin de Korin.**

Diam., 145 millim.

361 — Koro, de forme cylindrique, en faïence émaillée crème, décoré en léger relief d'émaux or ou polychromes, de panneaux de fleurs et de motifs d'étoffe.
Fours de Kyoto.

Signé : **Masanobu.**

Diam.,

362 — Tasse et sa soucoupe, en faïence émaillée crème, décorées en émaux polychromes de branchages fleuris.
Fours de Kyoto.

Larg., 140 millim.

363 — Brûle-parfums tripode, la panse cotelée, en faïence émaillée crème, décoré en émaux polychromes, d'armoiries et de motifs floraux.

Signé : **Seiguan.**

Diam., 750 millim.

364 — Koro, de forme ovoïde, en grès couvert d'un émail céladon, craquelé brun, décoré au pinceau de rosaces fleuries.

Haut., 80 millim.

365 — Chawan, de forme évasée, en grès couvert d'un émail céladon, taché de gris.
Fours de la province de Nagato. XVIIIᵉ siècle.

Diam., 115 millim.

366 — Chawan, de forme hémisphérique, en grès couvert d'un émail crème craquelé, décoré en émaux polychromes d'une scène de théâtre.
Fours de Kyoto.

Diam., 100 millim.

367 — Chawan, de forme irrégulière, en grès couvert d'un émail crème, décoré en émaux polychromes de branchages fleuris.
Fours de Kyoto.

Larg., 110 millim.

368 — Chawan, de forme hémisphérique, en grès couvert d'un émail crème
craquelé, décoré en émaux bleu, vert et or, de branchages fleuris.
Fours de Kyoto.

Diam., 110 millim.

369 — Chawan, de forme évasée, en grès couvert d'un émail brun taché de
de coulées d'émaux fauve.
Fours de Seto en Owari. XVIIᵉ siècle.

Diam., 100 millim.

370 — Chawan, de forme hémisphérique, en grès couvert d'un émail brun vert,
décoré en émaux blanc, de poissons dans les flots.

Cachet : **Tashiro**.

Cachet : **Holekyc**.

Provenant de la vente Garbutt de Londres.

371 — Chawan, de forme évasée, en grès couvert d'un émail crème craquelé,
décoré en émaux rouge, vert et or, de motifs floraux.
Fours de la province de Satsuma. XVIIIᵉ siècle.

Diam., 125 millim.

372 — Chawan, de forme cylindrique, en grès émaillé crème et laqué rouge,
décoré en léger relief de quatre panneaux, représentant des enfants dansant.
Fours de Kyoto.

Haut., 75 millim.

373 — Chawan, de forme irrégulière et cabossée, en grès couvert d'un émail
bleu lapis, décoré en léger relief d'émaux blanc et jaune, d'un cheval à
l'attache et de l'armoirie des Sama.

Cachet : **Kanashige**.

Diam., 80 millim.

374 — Chaire, de forme cylindrique et cabossée, en grès couvert d'un émail
taché de coulées d'émaux brun.
Fours de Seto en Owari, type dit « Oribe-yaki ». XVIIᵉ siècle.!

Cachet :

Haut., 105 millim.

375 — Chaire, de forme ovoïde, en grès couvert d'un émail brun taché de
coulées d'émaux blanc.

Cachet : **Akahadayama**.

Haut., 60 millim.

376 — Chaire orné d'un déversoir, en grès couvert d'un émail brun, taché de
coulées d'émaux blanc et noir.
Fours de la province de Tamba. XVIIIᵉ siècle.

Haut., 65 millim.

377 — Chaire, en forme d'un fruit de gourde, en grès couvert d'un émail brun
taché de coulées d'émaux fauves.
Fours de Seto en Owari. XVIIIᵉ siècle.

Haut., 70 millim.

378 — Chaire, en forme de gourde, en grès couvert d'un émail brun, taché de
coulées d'émaux blanchâtres.
Fours de Kyoto. Atelier de Ninsei. XVIIᵉ siècle.

Haut., 75 millim.

379 — Chaire, de forme basse et sphérique, en grès couvert d'un émail saumon
taché de vert. L'épaulement supporte trois anses boucles. XVIIIᵉ siècle.
Cachet : **Raku**.

Diam., 105 millim.

380 — Chaire, de forme ovoïde, en grès couvert d'un émail crème, décoré en
émaux vert, rouge et argent, d'un motif d'étoffe.
Signé : **Sei**.

Haut., 65 millim.

381 — Koro, de forme bilobée, en biscuit émaillé blanc, décoré en léger relief
d'émaux céladon, de branchages fleuris.
Fours de la province de Hizen.

Haut., 80 millim.

382 — Koro, de forme sphérique, en grès couvert d'un émail brun, orné
d'émaux bleu : il est décoré en léger relief de scènes à personnages.
Fours de Kyoto. XVIIIᵉ siècle.

Haut., 60 millim.

383 — Koro, de forme sphérique, en grès couvert d'un émail crème, décoré en
émaux polychromes de chimères et de pivoines.
Fours de la province de Satsuma.
Signé : **Ninsei**.

Diam., 80 millim.

384 — Koro, en grès couvert d'un émail saumon, le couvercle sculpté d'une
tête de chimère.
Fours de Kyoto. Atelier des Raku.

Larg., 70 millim

385 — Mizuire, en forme d'un crapaud, en grès couvert d'un émail crème, taché
de violet. XVIIIe siècle.

Provenant de la vente Dollfus, n° 386.

386 — Kogo en forme d'une oie, la tête repliée sur les ailes, en grès couvert
d'un émail pelliculaire beige.
Fours de la province de Bizen. Type dit « Imbe-yaki ». XVIIIe siècle.

Long., 95 millim.

387 — Kogo, en grès couvert d'un émail beige et brun, représentant Fukurokuju debout.

Cachet : **Minami**

Haut., 80 millim.

388 — Kogo, en grès couvert d'un émail brun : il représente un ballot de riz
sur lequel se disputent deux rats.
Fours de Kyoto.

Cachet : **Raku**.

Haut., 65 millim.

389 — Kogo, de forme ovale, en grès couvert d'un émail jaune et vert, le couvercle orné d'un crabe.

Cachet : **Ryozen**.

Larg., 60 millim.

390 — Kogo, en grès, couvert d'un émail crème et brun : il a la forme d'un
oiseau.
Fours de la province de Kii. « Type dit « Kishiu-yaki ».
(Kochi en Annam).

Long., 60 millim.

391 — Kogo, en forme d'une boîte lenticulaire, en grès couvert d'un émail
jaune et vert. le couvercle sculpté d'un cerf.

Cachet : **Eiraku**.

Diam., 65 millim.

392 — Kogo, en biscuit couvert d'émaux polychromes : il a la forme d'une tête
d'oiseau.

Cachet : **Ninsei**.

Haut., 95 millim.

393 — Mizuire, de forme irrégulière, en grès corné d'émaux polychromes, à
décor de fruits de gourde dans son feuillage.
Fours de Kyoto.

Larg., 90 millim.

394 — Mizuire, en grès couvert d'émaux polychromes : tortue marine. Banko.

Larg., 105 millim.

395 — Kogo, de forme ovale, *en grès couvert d'un émail vert et aubergine. Il a
la forme d'une corbeille.*

Signé : **Kenzan.**

Long., 70 millim.

396 — Kogo, en forme d'un oiseau posé, en grès couvert d'un émail jaune,
vert et aubergine.

Cachet : **Asahi.**

Long., 60 millim.

397 — Kogo, en forme d'un éventail, en grès couvert d'un émail crème, décoré
au pinceau en brun, de personnages regardant un makemono.

Signé : **Kenzan.**

Larg., 100 millim.

398 — Kogo, en grès laqué et décoré en émaux vert et rouge : okame debout.

Cachet : **Doachi.**

Haut., 75 millim.

399 — Kogo, en grès couvert d'un émail polychrome : *Hotei debout.*

Signé : **Ninsei.**

Haut., 60 millim.

400 — Kogo, en grès couvert d'un émail beige : renard costumé.
Fours de Kyoto.

Haut., 65 millim.

401 — Kogo, en forme d'un fruit de gourde, en grès couvert d'un émail beige.
Fours de Kyoto.

Haut., 50 millim.

— Seize kogo, en porcelaine émaillée bleu et blanc (sometsuke), **en forme**
d'oiseaux ou de fruits et de boîtes XVIIIe-XIXe siècle. — *Seront divisés.*

403 — Deux netsuke, en porcelaine : coquillage et singe.

404 — Quatre netsuke, flacons-tabatières, en porcelaine diverse.

405 — Quatre okimono, représentant des personnages divers.

406 — Deux statuettes, en poterie émaillée polychrome : Daruma, Hanzan et Jittoku.

407 — Vingt-quatre petites pièces diverses (mizuire, koro, kobako, etc.) en porcelaine bleu et blanc (sometsuke). XVHIᵉ-XIXᵉ siècle. (*Seront divisées.*)

408 — Six pièces en poteries diverses. (*Seront divisées.*)

BRONZES ET FERS DU JAPON

409 — Brûle-parfums, en bronze finement doré : Chimère jouant avec son petit.

Haut., 300 millim.

410 — Porte-cierge, en bronze de patine brune : Ashinaga et Tenaga pêchant un poulpe. XVIIIᵉ siècle.

Haut., 200 millim.

411 — Okimono, en bronze de patine brune : Chimère la patte posée sur une sphère ajourée.

Haut., 100 millim.

412 — Brûle-parfums en bronze de patine claire : Sphère creuse posée sur un dragon enroulé.

Haut., 85 millim.

413 — Mizuire en forme de théière aplatie, en bronze de patine brune, décoré en léger relief de feuillages aquatiques.

414 — Mizuire, en bronze de patine brune : blaireau.

415 — Mizuire, en bronze de patine claire : fruit de gourde dans son feuillage.

416 — Mizuire, en bronze de patine brune : enfant couché sur une table basse ou courent des vrilles chargées de feuilles.

Cachet :

417 — Mizuire en bronze de patine claire, incrusté de fils d'argent : fruit de kaki.

418 — Mizuire, en bronze de patine brune, paysan debout près de son bœuf couché.

419 — Mizuire, en bronze de patine verte : crapaud.

420 — Mizuire, en bronze de patine brune : il est en forme d'une petite marmite décorée de chimères.

421 — Okimono, en bronze de patine brune : maisonnette.

422 — Mizuire, en bronze de patine brune : souris sur une rave.

423 — Mizuire, en bronze de patine brune : fruit de gourde dans son feuillage, orné d'un dressoir.

424 — Mizuire, en bronze de patine brun-rouge : deux enfants jouant, sur un tambour.

425 — Cachet, en bronze de patine brune : chimère.

426 — Okimono, en bronze de patine brune : chimère accroupie sur une sphère.

Provenant de la vente W.-L. Behrens, 3e partie, n° 5215.

427 — Okimono, en bronze de patine vert clair : poussin sortant de l'œuf.

428 — Mizuire, en bronze de patine brune : crapaud.

429 — Okimono, en bronze de patine brune : tortue.

Cachet : **Suiun.**

430 — Okimono, en bronze de patine brune : pêcheur debout près de son panier.

431 — Netsuke, en bronze de patine brune : deux fruits ajourés.

432 — Okimono, en bronze de patine brune : petit personnage agenouillé sur une table basse.

433 — Cachet, en bronze de patine brune : chimère.

434 — Cachet, en bronze de patine brune : rocher entouré de pins et couvert de champignons.

435 — Cachet, en bronze de patine brune : chimère, la patte posée sur une sphère.

436 — Okimono, en bronze de patine brune : tortue.

437 — Mizuire, en bronze de patine claire : Daikoku adossé à une balle de riz, servi par deux souris en costume de geisha.

438 — Petit vase, à panse lenticulaire, en bronze de patine brun-noir, décoré de vrilles et de feuilles.

439 — Mizuire, en bronze de patine brune : lapin.

440 — Mizuire, en bronze de patine brune : fruit dans son feuillage.

441 — Mizuire, en bronze de patine brun-vert : canard mandarin.

442 — Mizuire, en bronze de patine brun-rouge : bœuf couché.

443 — Okimono, en bronze de patine brune : coq devant une maisonnette.

444 — Mizuire, en bronze de patine brune : théière orné de dragons et de motifs stylisés.

445 — Mizuire, en bronze de patine claire : chimère.

446 — Mizuire, en bronze de patine brun-rouge : Hotei assis contre son sac aux richesses.

447 — Mizuire, en bronze de patine brun-vert : caille.

448 — Mizuire, en bronze de patine brun-clair : lapin.

449 — Mizuire, en bronze de patine brune : blaireau sortant d'une marmite basse et carrée.

450 — Tasse, en bronze de patine brun rouge, l'anse est en forme d'un dragon.

451 — Mizuire, en bronze de patine brune : bœuf couché.

452 — Mizuire, en bronze de patine claire, niellé d'or : fruit dans son feuillage.

453 — Mizuire, en bronze de patine claire : canard.

454 — Mizuire, en bronze de patine brune : sage assis, tenant d'une main un makimono, l'autre posée sur la tête d'une chimère.

455 — Mizuire, en bronze de patine brune : bâtelier assis à l'avant d'une barque.

456 — Boîte en bois rectangulaire, ornée d'une plaquette en fer, incrustée en relief de bronze et d'or : samurai escortant un daimyo à cheval.

457 — Boîte en fer, rectangulaire, incrustée en haut relief de sentoku, de cuivre rouge et d'argent : poissons lune.

> *Signée* : **Yoshitoshi.**
>
> *Cachet* : **Bi.**

458 — Okimono mizuire, en bois orné en haut relief de cuivre rouge et de shibuichi : oni sur un tonnelet.

> *Cachet* : **Ming-Suente.**

Provenant de la vente W.-L. Behrens, 3ᵉ vente, nᵒ 4883.

459 — Statuette en bronze de patine brun-vert, ornée en émaux cloisonnés polychromes : jeune femme debout, un éventail à la main. Japon.

Haut. 250 millim.